Rainer Bonhorst
Dr. Antonia Cervinski-Querenburg
erzählt
dat Ruhrgebiet seine Geschichte

illustriert
von Michael Hüter

 Henselowsky
Boschmann

Rainer Bonhorst

gebürtiger Franke (Nürnberg), aufgewachsen in Essen, war viele Jahre Redakteur der Westdeutschen Allgemeinen. Für diese und andere Zeitungen ging er dann für 13 Jahre als Korrespondent nach London und Washington. Nach seiner Rückkehr nach Essen als stellvertretender Chefredakteur der WAZ rief er die Reviersprachforscherin Dr. Antonia Cervinski-Querenburg als wöchentliche Zeitungskolumne ins Leben. Ihr geistiges Vorbild war Kumpel Anton, jahrzehntelang eine Ikone der WAZ, des Ruhrgebiets und seiner Sprache, erfunden vom früheren Sportchef der Zeitung, Wilhelm Herbert Koch. Bonhorst ging später zurück nach Bayern, als Chefredakteur der Augsburger Allgemeinen, einer der größten deutschen Tageszeitungen. Seinem Ruhrgebiet und seiner Figur Dr. Antonia blieb er treu; dem Revier durch regelmäßige Heimatbesuche, der Sprachforscherin durch immer neue Geschichten zur Sprache und Lebensart des Reviers. »Dat Ruhrgebiet seine Geschichte« ist der vierte Antonia-Cervinski-Band, der im Verlag Henselowsky Boschmann erschienen ist. Rainer Bonhorst, inzwischen im Ruhestandsalter, arbeitet heute als freier Journalist und Autor.

Michael Hüter

gebürtig in Rheinhausen am linken Niederrhein, aufgewachsen im Dorf Friemersheim am Rhein, umzingelt von Krupp, Mannesmann, Bayer, Deutschlands ehemals größtem Verschiebebahnhof und vielen Kühen. Lebt als freier Karikaturist mit Frau und zwei Söhnen in Bochum-Wattenscheid. »Siedler« Hüter ist Schriftführer der Siedlergemeinschaft Sommerdelle und beackert – angeleitet von seiner Frau – den Familiengarten. Hat von Fußball keine Ahnung und bevorzugt sportliches Holzhacken, Bogenschießen und Segeln. In seinem Buch »Nix wie Höhepunkte« berichtet er in Wort, Bild und Karikatur von 12 Entdeckungsreisen durchs Ruhrgebiets.

© Bücher vonne Ruhr
Verlag Henselowsky Boschmann
Gerichtsstraße 1, 46236 Bottrop
www.vonneruhr.de
E-Mail: post@vonneruhr.de
1. Auflage 2011
ISBN 978-3-942094-18-4
Herstellung: Westermann Druck Zwickau GmbH

Inhalt

Statt ein Vorwort: Wie dat allet anfing

Reporter: Frau Dr. Antonia Cervinski-Querenburg, diesmal wollen wir nicht über die Sprache des Ruhrgebiets, sondern über die Geschichte des Ruhrgebiets sprechen.

Antonia: Aber inne Sprache vonne Ruhr.

Reporter: Ja, natürlich.

Antonia: Weil wenn dat die Geschichte von die Ruhris nich gäb, dann gäb et auch die Sprache nich.

Reporter: Nicht auszudenken. Und wie fing das alles so an, damals im Ruhrgebiet?

Antonia: Ganz am Anfang? Noch vor die Menschen und die ihre Sprache?

Reporter: Bitte sehr. Fangen wir ganz am Anfang an.

Antonia: Ja, anfangen tat dat mit dat Waldsterben.

Reporter: Wie bitte? Das müssen Sie mir aber näher erklären.

Antonia: Mach ich. Also, wie den Wald anne Ruhr so am sterben waa …

Reporter: Ja, gab's das Waldsterben denn damals schon?

Antonia: Und ob. Lagen übberall so tote Bäume aufe Erde rum. Und dann hat et nich lange gedauert, bisse unter de Erde waan.

Reporter: Ach? Wer hat die denn begraben?

Antonia: Dat nächste Waldsterben. Dat hat sich auf die draufgelegt, und da waan die andern auf eima unten.

Reporter: Das leuchtet ein.

Antonia: Dann wurd dat die da unten immer enger, weil immer mehr olle Bäume da obendrauf kam und die da unten echt zusammgefercht wurden.

Reporter: Und dann?

Antonia: Dann ham die da unten sich schwattgeärgert.

Reporter: Schwarzgeärgert?

Antonia: Jau äy, weil die da oben die da unten so plattgedrückt ham.

Reporter: Da würde ich mich auch ärgern.

Antonia: Ehmt. Und wie die da unten dann alle platt und schwatt waan, da hamse gesacht: Gezz sind wir Kohle. Auch gut.

Reporter: Sehr gut sogar. Was wäre das Ruhrgebiet ohne Kohle.

Antonia: Unvorstellbar. Außer heute.

Reporter:	Wieso das denn?
Antonia:	Is doch klaa. Weil die ganze Kohle nach und nach im Münsterland gegang is; aber unter de Erde, damit die da oben dat nich merken und immer noch meinen, die wärn dat Münsterland und wir dat Kohlerevier.
Reporter:	Natürlich.
Antonia:	Und wir anne Ruhr ham inne Zwischenzeit an unsere Struktur rumgefummelt. Sonne Aat Schönheitsopperation. Die olle Kohle weg und wat Elleganteret drangenäht. Wie wennze dich den Bauch abmachen lässt und dich dafür ne neue Nase für im Gesicht hols. Und gezz sind wir so schön, dat se uns sogaa inne Kultur aufgenomm ham.
Reporter:	Eine tolle Geschichte.
Antonia:	Aber einen langen Weg.
Reporter:	Frau Dr. Antonia, ich freu mich schon darauf, mit Ihnen diesen langen Weg zu gehen.

Inne Steinzeit

Reporter:	Frau Dr. Cervinski-Querenburg, was weiß man denn über die ersten Menschen im Ruhrgebiet?
Antonia:	Die allerersten? Die hatten wir nich. Die kamen ers später. Die waan in Afrika, weil die dat da besser gefiel. Schön waam und jede Menge Futter.
Reporter:	Nun gut. Aber dann sind sie ja doch hierher gekommen. Was weiß man über die frühen Ruhris?
Antonia:	Zum Beispiel, dat dat mehrere waan.
Reporter:	Also ...
Antonia:	Mehrere Sorten, mein ich. Je nachdem, wo de waas.
Reporter:	Das verstehe ich nicht.
Antonia:	Erklär ich Sie gleich. Nehm wir zum Beispiel ma an, bei uns anne Ruhr, da hätt et dammals sonne Schlaubergers gegeben wie heute.
Reporter:	Schlauberger? Damals schon?
Antonia:	Jau. Ich mein diese Homo sappienz sappienz.
Reporter:	Zweimal sapiens?
Antonia:	Jau. So diese Superschlauen. Mitten dollen Notendurch-schnitt und ein Exam, dat se gleich im Staatsdienst kam.
Reporter:	Und das waren wir?
Antonia:	Stellen Se sich eimfach ma vor, dat wärn wir gewesen. Und dann wärn wir so rum am schweifen, en bissken so in Richtung Düsseldorf, und auf eima steht dich so ein dicken Kafenzmann vor de Füße.
Reporter:	Wo kommt der denn plötzlich her?
Antonia:	Sach ich doch. So Richtung Düsseldorf. So ein richtigen Neandertaler. Mit so buschige Augenbraun und ne Keule inne Footen und so wat von O-Beine und en paama sitzengeblieben.
Reporter:	Furchtbar.
Antonia:	Und ne große Schnauze.
Reporter:	Na, jetzt aber ...
Antonia:	Waa aber so. Mit solche Leute hasset dammals zu tun gehabt. Und wat machse dann, wenn dich auf eima son Neandertaler inne Quere kommt?
Reporter:	Freundlich grüßen?

Antonia:	Ja, wie denn! Wat sachze denn zu so ein? So ein Neandertaler versteht doch überhaupts kein Ruhrdeutsch.
Reporter:	Natürlich.
Antonia:	Da kannze nich eimfach sagen, komm geh mich ausse Latüchte.
Reporter:	Wahrscheinlich nicht.
Antonia:	Oder wie is et denn so? Wohns du hier? Wat gibt et bei euch denn so zu süppeln?
Reporter:	Da sieht man mal wieder, wie wichtig Fremdsprachen sind.
Antonia:	Ham die dammals aber nonnich gehabt. Dat Einzige, wat die eingefallen is, waa, dat se den Neandertaler einen drübbergebraten ham.
Reporter:	Das war aber nicht nett.
Antonia:	Waa dat onnich. Aber fär. Dat waa ja Keule gegen Keule.
Reporter:	Und was wäre gewesen, wenn die Neandertaler gewonnen hätten?
Antonia:	Dann sähn Sie heute en bissken anders aus, Herr Reporter.
Reporter:	Frau Dr. Antonia, da haben wir ja Glück gehabt.

Bei die Neandertalers

Reporter:	Frau Dr. Cervinski-Querenburg, zu den Neandertalern, da habe ich noch ein paar Fragen.
Antonia:	Is ja Ihr Beruf.
Reporter:	Schön war das ja nicht, dass wir uns die ganze Zeit mit den Neandertalern herumgestritten haben.
Antonia:	Nää, aber wat willste machen. Die ham ja dammals noch kein Integrationsbeauftrachten gehabt, der die gesacht hat, nu vertracht euch ma. Wenn die da en Fremden gesehn ham, hamse den ersma ein aufe Rübe gegeben.
Reporter:	Ja, gab es denn damals keine interkulturellen Liebespaare?
Antonia:	Meinse sonne Aat Rommeo und Julia aussen Neandertal?
Reporter:	So ähnlich.
Antonia:	Kann sein. Wa ja dammals noch kein Shakespeare dabei. Aber viele werden dat wohl nich gewesen sein.
Reporter:	Schade!
Antonia:	Wie ich den Laden kenn, sind die Liebespaare dammals auch schon eher nach dat Äußere gegang.
Reporter:	Was meinen Sie damit?
Antonia:	Na, dat die vleicht nich so auf die innere Werte von den Neandertaler gekuckt ham. Und wenn die den von außen gesehn hat, dann waa der die eimfach nich schön genug. Oder die den.
Reporter:	Die den?
Antonia:	Ja. Die den oder der die. Die Neandertalers waan numma nich so schön wie die Supper-Sappienz vonne Ruhr.
Reporter:	Der Homo sapiens sapiens.
Antonia:	Jau äy. Ob dat nu en Mädken oder Kerl waa. Krumme Beine sind krumme Beine. Und dat kommt bein andern Geschlecht nich so gut an.
Reporter:	Na, ich weiß nicht. Meine Beine sind auch nicht gerade …
Antonia:	Bleiben wir lieber inne Steinzeit. Und bei son Neandertaler, der en Ägsken auf son Mädken vonne Ruhr geschmissen hat. Dat waa für den bestimmt nich leicht. Der musste schon unheimich Tango tanzen könn mit sein Gesicht und allet, wat ihn die Natur mitgegeben hat.
Reporter:	Und wenn er nicht Tango tanzen konnte?

Antonia:	Dann is ja wohl dat andere passiert.
Reporter:	Das andere?
Antonia:	Na dat dann dat Mädken nach ihrn großen Bruder gerufen hat: »Äy, Rüdiger. Da is son Neandertaler. Der will mich anne Wäsche. Hau den ma ein voren Latz.«
Reporter:	Und das hat der Rüdiger dann gemacht?
Antonia:	Waascheinlich. Weil wenn er Schiss inne Buxe gehabt hätt und abgehaun wär vor den Neandertaler, dann hät er bei die andern Mädkes keine Schnitte mehr gekriegt.
Reporter:	Frau Doktor, es hat sich offenbar nicht viel geändert.

Am Jagen und am Sammeln

Reporter: Frau Dr. Cervinski-Querenburg, wie war denn damals das Leben sonst so im Ruhrgebiet?

Antonia: Na, wie übberall. Inne Steinzeit waan wir alle am jagen und am sammeln. Dat waa vleicht en unruhiget Leben. Wir waan da die ganze Zeit rum am schweifen. So durche Wälder und durche Täler und im Wasser.

Reporter: Und warum?

Antonia: Ja, warum wohl. Von wegen dat Futter. Dammals konnze nich eimfach im Suppermaakt gehn oder anne Bude und dich ne Currywurst kaufen. Wenne da wat zu futtern ham wollz, da waaste ganz schön auf Achse.

Reporter: Auf Achse?

Antonia: Aufe Beine. Von am Morgengrauen bis am Abendrot.

Reporter: Ein hartes Leben.

Antonia: Dat kannze zweima sagen. Und dann noch diese Aabeitsteilung.

Reporter: Welche Arbeitsteilung?

Antonia: Na, die von den Mann und seine Frau.

Reporter: Verstehe. Die traditionellen Rollenbilder.

Antonia: Und wie. Die Mütterkes waan mit ihre Kleenen aufe Hüfte den ganzen Tach am Beeren flücken und am Wurzeln ausbuddeln. Und dann waan se onnoch den Kleenen am wickeln, wenn er sich inne Hose gemacht hat.

Reporter: Ja, hatten die denn damals schon Windeln?

Antonia: Nu sein se donnich so kleinlich, Herr Reporter.

Reporter: Entschuldigung.

Antonia: Gedenfalls waan die Mütterkes die ganze Zeit am rummachen. In den Schweiß von ihrn Angesicht. Und die Kerle, die waan entweder gemütlich am Bär am jagen und ham keinen gekriegt. Oder se waan schön om Kriegsfaad. Oder am palavern, wat se sonz noch allet machen könnten, wenn se nich so faul wärn.

Reporter: Jetzt werden Sie aber ein bisschen einseitig, Frau Doktor.

Antonia: Dat Leben is nu ma einseitig, Herr Reporter.

Reporter: Und was war sonst noch?

Antonia: Den Aasch waan wir uns ab am friern.

Reporter:	Ja, wieso das denn?
Antonia:	Weil dat aaschkalt waa dammals inne Steinzeit.
Reporter:	Verwechseln Sie das nicht mit der Eiszeit?
Antonia:	Nix da. Die Steinzeit, dat waa ja ne Zeitlang onnoch die Eiszeit. Dat waa ja der Mist. Ers waan se am bibbern, und dann hatten se onnoch nur diese Steine für zum Sachen machen.
Reporter:	Es war ja die Steinzeit.
Antonia:	Ehmt. Mit son Stein kannze nu ma kein ordentlichen Schi-Anzug nähen. Und wat die für Schuhe hatten! Da konnze genauso gut baafuß im Schnee rumlatschen. Hamse ja auch gemacht. Und mit die kalten Füße hamse sich dann den Aasch abgefrorn.
Reporter:	Frau Doktor, mir wird schon kalt, wenn ich Ihnen nur zuhöre.

Den Bauer und seine Frau

Reporter: Frau Dr. Cervinski-Querenburg, heute schweifen wir ja nicht mehr als Jäger und Sammler durchs Revier.

Antonia: Bissken schon noch. Ich kenn ein, der schweift so von Kneipe zu Kneipe. Und dann kenn ich noch eine, die schweift so von Flohmaakt zu Flohmaakt. Und dann kenn ich ein, der schweift so von Blüte zu Blüte …

Reporter: Von Blüte zu Blüte?

Antonia: Nu sein Se man nich so schwer von Kapeh, Herr Reporter. Muss ich Sie wirklich sagen, dass ich von so ein Casenova sprech?

Reporter: Nein, natürlich nicht. Aber mir ging es darum zu sagen, dass wir ja keine Jäger und Sammler mehr sind wie damals.

Antonia: Stimmt. Wir sind natürlich schon vor ewige Zeiten sesshaft geworden. Wegen die Landwirtschaft.

Reporter: Wie ist das denn passiert?

Antonia: Waascheinlich mussten wir Frauen euch widder dadrauf bringen. Weil wir ja die ganze Zeit so rum am sammeln waan. Und dann ham wir auf eima gemerkt, dat da immer die selbe Sachen anne selbe Stellen gewachsen sind. Und dann hat da eine wohl gesacht: Kumma, ich glaub dat is en Feld. Da ne Äre und da ne Äre. Da brauchen wir nur den Mist zwischendrin wegmachen, und dann kannze da allet eimfach ernten.

Reporter: Eine Super-Idee. Ein Geistesblitz.

Antonia: Geht so. Weil dann hat die dat ihrn Mann gesacht. Und dann hat der auch gesacht: Super-Idee. Ein waaren Geistesblitz. Dann geh ma gleich en bissken wat ernten. Und dann kannze auch gleich den Mist zwischendrin ma orndlich wegmachen. Ich muss ers noch ma ein Bär jagen gehn.

Reporter: Oh je.

Antonia: Jau äy. Und dann wa se dann am ernten und am jäten und am säen und wat da so allet sonz noch waa.

Reporter: Aber neben dem Ackerbau gab's dann doch auch die Viehzucht.

Antonia:	Jau. Weil dann hat die Frau den faulen Sack eimfach die Kuh im Wohnzimmer gestellt.
Reporter:	Donnerwetter!
Antonia:	Und dann hat se gesacht. Wenn ich den ganzen Tach om Acker bin, dann passt du wenigstens en bissken aufe Kuh auf.
Reporter:	Und dann?
Antonia:	Dann hat der Olle gesacht: Mach ich. Aufpassen tu ich. Hirte find ich gut. Da brauchse nich so viel hinter die Biester herjagen. Kannze dich schön die Landschaft bekucken.
Reporter:	Da war die Frau aber froh.
Antonia:	Geht so. Weil dann hat die Olle gesacht: Aber die Kuh melken, dat muss du machen. Dat kann ich nich mit meine dicken Footen.
Reporter:	Frau Dr. Antonia, jetzt weiß ich endlich, wie das war mit dem Landleben.

Wo die Kelten abgeblieben sind

Reporter:	Frau Dr. Antonia Cervinski-Querenburg, vor und neben den Germanen gab es in Deutschland die Kelten. Kamen die eigentlich auch ins Ruhrgebiet?
Antonia:	Waan wohl en paa da. Sind aber abgehaun.
Reporter:	Aber sie waren auch mal im Revier?
Anntonia:	Waan se. Die Kelten ham sich ja so vonne Schweizer Aprähschi-Orte und aussen Schwaazwald den Rhein raufgeschlichen …
Reporter:	Also mehr links, bei Duisburg.
Antonia:	Jau, äy. Dat waan eher so linke Vögel. Weil von rechts oben waan die ollen Germanen rein am drücken. Und die Kelten mehr von links unten.
Reporter:	Ach, wegen der Germanen sind die abgehauen. Ich dachte schon, den Kelten hätte es im Ruhrgebiet nicht gefallen.
Antonia:	Gefallen vleicht schon. Aber die kamen mit die Germanen eimfach nich klaa. Hatten ewig Brast mit die.
Reporter:	Was war denn das Problem?
Antonia:	Dat Problem mit die Kelten waa, dat die so chaotische Typen waan.
Reporter:	Ja, waren die alten Germanen denn ordentlicher?
Antonia:	Schwer zu sagen. Unorntlich angezogen waan se dammals ja alle beide. Bei die Kelten, da konnze froh sein, wenn die überhaupt wat umme Hüften hatten. Die Kelten, dat waan die reinsten Nudisten, waan die.
Reporter:	Und die Germanen?
Antonia:	Die ham wenigstens Hosen anne Beine gehabt. Sonne Aat Leggings, bloß für Männer. Damit die sich von die Römer ihre Röckskes unterschieden ham.
Reporter:	Das ist doch alles Jacke wie Hose. Es erklärt doch nicht, warum die Kelten verschwunden sind und die Germanen noch da sind. Was war denn nun der Hauptunterschied zwischen den beiden.
Antonia:	Zwischen die Kelten und zwischen die Germanen?
Reporter:	Ja, bitte, was war der Hauptunterschied?
Antonia:	Dat waan die Ergebnisse.
Reporter:	Wie bitte? Wollen Sie behaupten, dass die damals schon Fußball gespielt haben?

Antonia:	Die Ergebnisse von die ihre Kriege. Die Kelten, die ham gegen die Germanen immer verloren. Und die Germanen, die ham immer gewonn. Dat ging die dann aufe Nerven. Gedenfalls ham sich die Germanen übbern ganzen Ruhrgebiet ausgebreitet. Und die Kelten ham sich immer weiter nach links übbern Rhein verkrümmelt. Inne Bretagne und nach Cornwall, nach Irland und nach Schottland und so.
Reporter:	Die armen Kelten.
Antonia:	Weiß ich nich. Ich glaub, die Kelten waan froh, dat se keine Germanen waan.
Reporter:	Wirklich?
Antonia:	Jau. Ich glaub, die ham sich gesacht: Lieber Kelte anne hinterste Ecken wie Germane mitten in dat schönste Revier.
Reporter:	Schade. Ein paar Kelten täten uns auch heute noch gut.
Antonia:	Jau. Sind aber weg. Wenne heute so im Revier rumläufs, könnz fast meinen, dat et die Kelten bei uns übberhaupts nich gegeben hätt.
Reporter:	Frau Dr. Antonia, vielen Dank und einen schönen Gruß an Asterix.

Den ewigen Ärger mit die Römer

Reporter: Frau Dr. Antonia Cervinski-Querenburg, wie war das eigentlich mit den Römern im Ruhrgebiet?

Antonia: Mit die Römer? Ging so.

Reporter: Aber die haben doch den größten Teil von Germanien erobert.

Antonia: Aber wir anne Ruhr waan von den größten Teil der kleinste Teil. Hier waan se zwaa auch, aber hauptsächlich hamse sich mehr so links an uns vorbeigeschlichen.

Reporter: Aha.

Antonia: Jau. Immer so annen Rhein lang. Bisse gesacht ham, hier is Xanten, hier bleim wir.

Reporter: Natürlich, die alte Römerstadt.

Antonia: Jau. Da sind wir dann öfter ma hin, Römer kucken.

Reporter: Und die Römer?

Antonia: Die sind öfter ma rübbergekomm für zum Ruhris kucken. So die Sugambrer und die Usipeter und auch schomma en paa Brukterer.

Reporter: Das waren ja die reinsten Zungenbrecher, die Ruhris von damals.

Antonia: Dat waa die Römer egal. Die ham sich so vonnen Rhein oben anne Lippe lang rangeschlichen.

Reporter: An der Oberlippe?

Antonia: Sehr witzig, Herr Reporter. Gedenfalls hamse nachen Rhein auch die Lippe riskiert.

Reporter: Und was haben wir Sugambrer und Usipeter gemacht, wenn sie sich so zu uns reingeschlichen haben?

Antonia: Wir hamse immer schön weitergeschickt.

Reporter: Wie haben wir das denn gemacht?

Antonia: Wir ham zu die Römer gesacht: Kumma, is doch nix los hier anne Ruhr. Tote Hose.

Reporter: Und dann sind die einfach weitergezogen?

Antonia: Nich sofort. Ersma hamse gefracht: Wo is denn wat los? Und wir ham gesacht: Geht ma schön den Hellweg lang, dann schräg vorbei anne Brukterer und dann immer schön gradeaus nach oben. Bis ihr am Teuteburger Wald kommt. Da is Remmidemmi.

Reporter:	Natürlich. Da gab's ja die Schlacht am Teutoburger Wald.
Antonia:	Jau. Und da hat den ollen Varus von den ollen Hämmann dann sowat von ein aufe Birne gekriegt, dat der mit ohne seine Legionen sofort widder ab im Süden is.
Reporter:	Donnerwetter.
Antonia:	Allet nur, weil hier bei uns im Ruhrgebiet so schön tote Hose waa und wir die dat gesacht ham.
Reporter:	Und dann waren wir gerettet?
Antonia:	Jau. Dann mussten wir uns nimmehr mit diese römische Ziwwelisation rumschlagen.
Reporter:	Ja, war die denn so schlimm?
Antonia:	Schlimm is gaa kein Ausdruck. Die Männer mussten sich von son römischen Frisör immer son Napoleonschnitt verpassen lassen und die Frauen sonne Tupeh-Frisur. Und dann dat ewige Liegen beim Futtern. Und dann jeden Abend diese Orgien …
Reporter:	Frau Doktor, da haben wir ja noch mal richtig Glück gehabt.

Wat die Franken mit die Sachsen gemacht ham

Reporter:	Frau Dr. Cervinski-Querenburg, wir waren ja damals alle noch Heiden.
Antonia:	Wat heißt hier Heiden. Wir ham doch mehr Götter aufe Fanne gehabt wie heute,
Reporter:	Das ist es ja gerade.
Antonia:	Den Wotan, den Loki, den Fafner und wie se alle hießen.
Reporter:	Das ist es ja gerade.
Antonia:	Die ganze Kerona ausse Wagner-Oper.
Reporter:	Das ist es ja gerade.
Antonia:	Herr Reporter, könn Se nich ma wat Neuet sagen?
Reporter:	Das mit den vielen Göttern konnte ja nicht so bleiben.
Antonia:	Dat waa allet wegen die Franken. Die waan auf eima so widdergeborne Christen geworden. Und dann kamen se so von unten rauf im Ruhrgebiet.
Reporter:	Und von oben kamen die Sachsen.
Antonia:	Jau, und die waan noch immer mit ihrn Wotan zugange. Und dann ham die Franken zu die gesacht: Hömma, dat geht nich, dat ihr so viele Götter habt und wir nur einen. Dat müssenwer hammonisiern.
Reporter:	Harmonisieren?
Antonia:	Jau. Die Franken, dat waan doch dammals schon die ersten Europäer. Den Kaal den Großen hat sich doch ganz Europa untern Nagel gerissen.
Reporter:	Und dann hat er die Sachsen harmonisiert.
Antonia:	Jau. Dann hat er zu die gesacht: Äy, wenn ihr gezz nich sofort glauben tut, wat wir glauben, dann mach ich euch en Kopp kürzer.
Reporter:	Sehr harmonisch.
Antonia:	Jau. Und dann ham die dat nich gemacht, und dann hat der die dat gemacht.
Reporter:	Wie bitte?
Antonia:	Herr Reporter, hörn Se doch ma genau zu! Dann ham die Sachsen nich die Franken ihrn Glauben angenommen, und dann ham die Franken die Sachsen abgeschlachtet.
Reporter:	Das ist ja furchtbar.

Antonia:	Jau. Und deswegen nenn se den Kaal ja auch Kaal den Sachsenschlächter.
Reporter:	Ein schöner Titel.
Antonia:	Jau. Und den hat er sich so zwischen dat Sauerland und die norddeutsche Tiefebene an Land gezogen.
Reporter:	Und dazwischen das Ruhrgebiet.
Antonia:	Gut gemerkt, Herr Reporter. Dat waa vleicht en ewiget Hin und Her zwischen den ollen Wotan und dat liebe Jesulein.
Reporter:	Nicht ganz ewig. Der Sachsenschlächter hat schließlich gewonnen.
Antonia:	Und so is übber dat Ruhrgebiet die christliche Nächstenliebe bis rauf im Münsterland maaschiert.
Reporter:	Frau Doktor, Dank für Ihre frommen Worte.

Die Frolleinkes von Essen

Reporter:	Frau Dr. Antonia Cervinski-Querenburg, wie wurde Essen eigentlich die Metropole des Ruhrgebiets?
Antonia:	Waa kein Problem. Die in Essen ham eimfach gesacht: Tun wir maa so, wie wenn wir Metropole wärn. Und die andern ham gesacht: Ach, lass die doch ihr Räppelken.
Reporter:	Aber es muss doch irgendetwas Besonderes an Essen gewesen sein?
Antonia:	Waa auch. Dat waa die ihre Frauenquote.
Reporter:	Wie bitte? Was für eine Frauenquote?
Antonia:	Fing allet mit die Stiftsfrolleinkes an. Dat waan ja die, die Essen gegründet ham. Und aus den Stift hamse nach und nach en richtiget Fürstentum gemacht, mit ne echte Fürst-äbtissin als Chefin und unter die die ganzen Nönnekes.
Reporter:	Alles gut und schön. Aber was hat das denn mit der Quote zu tun?
Antonia:	Dat is et doch grade. Dat die ne ganz strenge Frauen-quote hatten. Schlimmer wie die Grünen. Hundert Prozent. In die ihre Stifte hamse echt nur Frauen reingelassen. Nonimma den Joschka Fischer hätt bei die en Blumentopp gewonn.
Reporter:	Ach, ich verstehe.
Antonia:	Und dann gab et für die Frolleinkes kein Halten mehr. Wat die sich allet an Land gezogen ham. Ers waan die nur inne Altstadt, dann sind die nach Bobbeck, dann nach Stoppen-berch, dann sind die an Schalke vorbei bis annen Rand von Doatmund. Sogaa übbern Rhein drübber sind die mit ihre Eroberungslust. Schlimmer wie en Mann.
Reporter:	Aber ohne Krieg.
Antonia:	Stimmt. Wegen die Kleiderordnung.
Reporter:	Wie bitte?
Antonia:	Inne Ritterrüstung hamse die donnich reingelassen. Die Mädkes mussten doch alle so lange Klamotten tragen. Sonne Aat Burkas mitten Loch für am Gesicht. Mit so wat konnze ja kein Krieg führn. Da blieb die nix anders übrig, als dat se dat mit ihre weibliche Diplematie gemacht ham.
Reporter:	Immerhin, ein früher Erfolg des Feminismus.

Antonia: Bloß dat die dat noch nich gewusst ham, dat se Femme-nistinnen waan. Die mussten dat allet noch ohne die Aliss Schwaazer machen.

Reporter: Sie waren ja Nonnen.

Antonia: Jau. Weil se vor die Männer in ihrn Stift stiftengegangen sind.

Reporter: Sehr witzig.

Antonia: Schlau waan se, nich witzig. Die Mädkes ham gemerkt, dat se, wenn se heiraten, direkt unter de Knute von son Herr und Meister kämen. Hamse gesacht: Ärger ich mich lieber mit ne doofe Äbtissin rum wie mit son Ollen.

Reporter: Vielen Dank, Frau Dr. Emma, für diesen frühfeministischen Beitrag.

Die Duisburger ihrn Vatter Rhein

Reporter:	Frau Dr. Antonia Cervinki-Querenburg, ist Duisburg eigentlich eine Stadt im Ruhrgebiet oder eine Stadt am Rhein?
Antonia:	Ge nachdem.
Reporter:	Je nachdem?
Antonia:	Wenn et sich lohnt, dat se am Rhein sind, sind se am Rhein. Und wenn et sich lohnt, dat se anne Ruhr sind, sind se anne Ruhr.
Reporter:	Aha. Aber wo sind sie denn nun wirklich?
Antonia:	An beide. Aber früher mehr am Rhein wie anne Ruhr.
Reporter:	Wieso? Was ist passiert?
Antonia:	Wat passiert is? Dat den Vatter Rhein aus sein Bett gestiegen und die Duisburger abgehaun is. Dat is passiert.
Reporter:	Der Rhein hat sich von Duisburg entfernt?
Antonia:	Jau. Aber Duisburch immer hinterher.
Reporter:	Das klingt ja spannend.
Antonia:	Waa et auch. Früher, wie die noch am Rhein waan, eh dat der die abgehaun is, da sind bei die die Könige ein- und ausgegang. Dat waa fast schlimmer wie in Doatmund. Und dann hamse onnoch ne Unniversität gekriegt. Und dann wurden se immer schlauer. Und dann hamse den Mercator gehappt mit seine dollen Landkaaten.
Reporter:	Das klingt ja fantastisch.
Antonia:	Jau. Und wie den Mercator diese ganzen Kaaten vonne Welt gemalt hat, da is die den Rhein weggeflutscht. Und dann ging dat mit Duisburch den Bach runter.
Reporter:	Das klingt ja traurig.
Antonia:	Und wie dat mit den Rhein den Bach runtergegang is, da sind dann onnoch die Preußen gekomm und ham gesacht: So, gezz seid ihr keine freie Reichsstadt mehr.
Reporter:	Das klingt ja furchtbar.
Antonia:	Wär et auch gewesen, wenn die Duisburger nich so schlau gewesen wärn.
Reporter:	Das klingt nach einem happy End?
Antonia:	Gezz hörn Se ma mit den Geklingel auf, Herr Reporter. Stimmt aber. Die Duisburger sind eimfach den Rhein hinterhergepeest, bis nach Rheinhausen.

Reporter: Aber an der Ruhr sind sie geblieben?

Antonia: Dafür hatten se ja Ruhrort.

Reporter: Donnerwetter. Rheinhausen und Ruhrort. Alle Achtung.
            Und was ist mit Meiderich?

Antonia: Reden wir hier übber Fußball oder übber Geschichte?

Reporter: Geschichte.

Antonia: Gut. Wie nämmich die Duisburger ihre Freiheit weg waa,
            hamse eimfach gesacht: So, gezz baun wir jede Menge
            Stahlwerke, dat die andern schon von ganz weit weg die
            Hochöfen sehen und vor Neid platzen.

Reporter: Ich rieche den Neid förmlich.

Antonia: Und wie dat mit die Stahlwerke dann widder den Bach
            runtergegang is, da hamse gesacht: Macht nix, dann sind
            wir ehmt der größte Binnenhafen von ganz Europa.

Reporter: Frau Dr. Antonia, ich wollt', ich wär ein Duisburger.

Dat ewige Auf und App von Doatmund

Reporter:	Frau Dr. Antonia Cervinski-Querenburg, wie ist Dortmund eigentlich Hansestadt geworden?
Antonia:	Reichsstadt.
Reporter:	Und Hansestadt.
Antonia:	Jau. Freie Reichsstadt und freie Hansestadt.
Reporter:	Freier geht es kaum.
Antonia:	Na ja. Dat Blöde waa, dat da immer so Könige und Kaiser rumgeturnt sind und nachgekuckt ham, ob dat allet orntlich läuft bei die Doatmunder.
Reporter:	Was sollte denn da laufen? Das Bier vielleicht?
Antonia:	Jau, dat auch. Son König musse ja schön versorgen. Der hat orntlich gefuttert und geschluckt, und allet für lau.
Reporter:	Welcher König hat sich denn von den Dortmundern so aushalten lassen?
Antonia:	Alle. En paa Ottos, en paa Heinrichs, auch schomma en Friddrich, sogaa den mit den roten Baat, den Babbarossa. Da waa ganz schön wat los, dammals in Doatmund.
Reporter:	Viel los, aber keine reine Freude.
Antonia:	Nur ne Ehre. Aber mit die Ehre is dat ja so. Wann is die schomma ne reine Freude.
Reporter:	Und was war nun mit der Hanse?
Antonia:	Dat waa schlau. Weil die Städte gemerkt ham, dat se allein nich so staak waan, wie se gerne wärn, hamse sich zu die Hanse zusammengetan.
Reporter:	Aber die Hansestädte lagen doch im Norden, an der Waterkant.
Antonia:	Ehmt nich nur. Die Hanse hat sich auch tief im Land rein-getraut, sogaa bis nach Doatmund.
Reporter:	Glückliches Dortmund. Reichsstadt und Hansestadt in einem.
Antonia:	Nur dat dat ehmt nich ewig gedauert hat mit dat freie Stadtleben. Ers ging die Hanse baden, dann kam den ollen Napoleon und dann kamen die Borussen. Dann waa et sowieso aus mit die Freiheit.
Reporter:	Die Borussen?

Antonia: Die Preußen. Könn Se kein Latein, Herr Reporter?

Reporter: Nur Jägerlatein.

Antonia: Is auch schön.

Reporter: Danke.

Antonia: Gedenfalls kannze bei die Doatmunder dat ganze Auf und App von et Leben studiern. Ers wimmelt et von Könige; dann sind se en verlorn Fleck annen Rand von Westfalen; dann machen se mit ihre Kohle en super Reibach; dann is die Kohle alle; und dann komm se widder ganz groß mit ihrn Fußball raus. Dat is dat ewige Auf und App von dat Leben.

Reporter: Vielen Dank, Frau Dr. Antonia, jetzt sehe ich den Borsig-platz mit ganz anderen Augen.

Dat wilde Mittelalter anne Ruhr

Reporter:	Frau Dr. Antonia Cervinski-Querenburg, ich wüsste sehr gerne noch ein bisschen mehr über das Mittelalter im Ruhrgebiet.
Antonia:	Dat waa, wie soll ich et sagen, en bissken wild.
Reporter:	Darum spricht man ja auch vom wilden Mittelalter.
Antonia:	Also mit Ihre Bildung sieht dat en bissken finster aus, Herr Reporter.
Reporter:	Ach ja, das finstere Mittelalter. Aber Sie sagen doch selbst, dass es ein bisschen wild war. Wieso denn?
Antonia:	Weil die ham sich nich vertragen.
Reporter:	Wer hat sich nicht vertragen?
Antonia:	Alle. Da waa den einen sauer auf den andern, weil den einen immer dat Land von den andern ham wollte und den andern dat von den einen.
Reporter:	Und wer war der eine und der andere?
Antonia:	Zum Beispiel den Erzbischof Engelbert von Köln und den Friddrich von Isenberch. Den Engelbert waa nich nur en Kölner, der hat sich auch im Ruhrgebiet dicke getan. Und den Friddrich seine Lattefundien waan mitten innet Revier. Dat konnte ja nich gutgehn. Is et onnich.
Reporter:	Was ist denn passiert?
Antonia:	Den Engelbert hamse umme Ecke gebracht.
Reporter:	Aha. Und wer war das?
Antonia:	Wer wohl? Den Friddrich hatten se gleich am Schlafittchen.
Reporter:	Die waren ja schneller als Sherlock Holmes.
Antonia:	Mussten se, bei die viele Morde. Hat doch den einen den andern aufgelauert. Kaum hasse deine Burch verlassen, hasse schon son Wegelagerer vonne andere Burch am Hals. Und dann ham sich die vonne erste Burch widder ein vonne andere Burch geschnappt. Ma waa den ollen Berch vorneweck. Ma den ollen Kleve. Ma den Strünkede und ma den und ma den.
Reporter:	Ja, gab es denn so viele Burgen im Ruhrgebiet?
Antonia:	Schlappe vierhundert. Da konnze kein Meter gehn, ohne datte über en Raubritter gestolpert biss.
Reporter:	Es herrschte also kein Burgfrieden.

Antonia:	Nää. Waa ja keiner echt am herrschen. Die Herzöge und die Grafen und die ihre Raubritter sind doch ihrn Kaiser aufe Nase rumgetanzt. Und Pollezei waa onnich da.
Reporter:	Die kam erst viel später.
Antonia:	Jau. Da waan die ganzen Burgen schon längs nix wie Ruinen.
Reporter:	Aber die haben wir heute noch.
Antonia:	Jau. Hamse lauter schöne Abenteuerspielplätze draus gemacht.
Reporter:	Aber es gab doch nicht nur Burgen und Raubritter.
Antonia:	Nää, inne Städte waa dat schon bissken anders. Da gab et die Handwerker und die Bader und die Feifer und die Mädkes mit so spitze Mützkes oder so runde Häupkes und die Astrelogen und die Hexen für zum Verbrennen. Watte heute ehmt so allet auf en mittelalterlichen Jahmaakt finds.
Reporter:	Frau Dr. Antonia, ja, heute ist das Mittelalter richtig schön.

Dann hamse onnoch Minne gesung

Reporter: Frau Dr. Antonia Cervinski-Querenburg, im Mittelalter gab es doch auch edle Burgfräulein und fromme Kreuzritter.

Antonia: Mit die Kreuzritter waa dat ja sonne Sache.

Reporter: Wieso?

Antonia: Hatten ja kein Pesenalausweis bei. Und wenn se kurz vor Gerusalem in son Spieß von ein Moslem gefitscht sind, dann konnze nich wissen, ob die aussen Ruhrgebiet waan oder vonne bayrische Berge.

Reporter: Und sprechen konnten sie ja nicht mehr.

Antonia: Gut gemerkt, Herr Reporter. Wenn se om Schlachtfeld noch wat gesacht hätten, hättse gleich gewusst, ob die aus Mülleim anne Ruhr waan oder von Gaamisch weg.

Reporter: Vielleicht hätte man ja sogar gemerkt, ob sie aus Rhein-hausen oder aus Dorstfeld waren.

Antonia: Waascheinlich. Aber se mussten ja für ihrn Herrn im Gras beißen.

Reporter: Werfen wir lieber einen Blick auf die edlen Burgfräulein.

Antonia: Dat tät Sie so passen, Sie alten Schlickefänger.

Reporter: Aus rein historischem Interesse natürlich.

Antonia: Meinzwegen. Die hatten et irgenswie gut, aber irgenswie auch widder nich.

Reporter: Aha. Wie hatten sie es denn gut?

Antonia: Weil die ham die immer so schöne Ständkes gesung.

Reporter: Sie meinen den Minnegesang.

Antonia: Jau, den mein ich. Et waan ja nich alle Ritter om Ritt im Heiligen Land. Paa Schlaubergers sind ja auch zu Hause geblieben.

Reporter: Und die haben die Fräulein besungen.

Antonia: Jau. Nehm wer ma an, dat da den Waller von Vogelheim inne Burch nach Sterkrade gekomm is. Und dann hat den gesung: Gerda, meine Pärle, du mein schwatten Edelstein. Oder so ähnlich.

Reporter: So ähnlich.

Antonia: Oder et kam Heinrich vonne Ruhraue inne Burch nach Osterfeld und hat gesung: Dein is mein ganzet Härz! Wo du nich biss, kann ich nich sein. Oder so ähnlich.

Reporter: So ähnlich.

Antonia: Oder den Wolfram vonnen Aschenplatz kam inne Burch nach Lütgendoatmund und hat gesung, dat die Liebe en seltsamet Spiel wär und dat se von den einen zu den andern gehen tät.

Reporter: Ein gewagtes Lied.

Antonia: Und gelogen. Weil den seine Liebe, die konnt ja gaa nich vonne die eine zu die andere gehen. Die waan ja alle abgeschlossen.

Reporter: Abgeschlossen?

Antonia: Aber sicher doch. Dat waa ja dat Blöde für die Frolleinkes. Weil die Kreuzritter hatten die doch, eh se inne Fremde abgehaun sind, mit ihrn besten Ruhrstahl in diese Keuschheitsgürtel reingeschweißt. Und bei son Ruhrstahl ham sich die Minnesänger mit ihre Lieder natürlich die Zähne ausgebissen.

Reporter: Frau Dr. Antonia, hier schweigt des Sängers Höflichkeit.

Wie die Ruhris aufgeklärt wurden

Reporter:	Frau Dr. Antonia Cervinski-Querenburg, wie sind denn eigentlich die Aufklärung und die Reformation ins Ruhrgebiet gekommen?
Antonia:	Zimmich schnell und ganz schön schlau.
Reporter:	Wieso schlau?
Antonia:	Weil den Herzoch vonne Ruhr, den Johann von Kleve und Berch, ersma einen auf neutral gemacht hat. Der hat zu seine Leute gesacht: Leute, glaubt doch eimfach ma wat Vernünftiget.
Reporter:	Ganz schön locker, der Herzog.
Antonia:	Locker is gaa kein Ausdruck. Weil die dat dann auch alle gemacht ham. Die einen, die glaubten dat, und die andern, die glaubten dat, nur anders.
Reporter:	Klingt vernünftig.
Antonia:	Und in die Städte waa vleicht wat los. Wo de hingings, nix wie Luther. Von Mülleim bis Doatmund.
Reporter:	Ich glaube, sogar Schalke ist evangelisch geworden.
Antonia:	Herr Reporter, ham Se denn nix wie Fußball im Kopp?
Reporter:	Und Borussia ist katholisch.
Antonia:	Herr Reporter, dat ging doch allet noch en paama hin und her.
Reporter:	Warum das denn?
Antonia:	Weil du kannz dat die Gläubigen nie ganz recht machen. Nehm Se nur ma den Herzoch, den Johann. Den sein Kompremissvorschlach is voll inne Hose gegang. So halb katholisch und halb evangelisch, wie der dat wollte, wollte dat keiner. Die einen waa dat zu wenig und die andern waa dat zu viel.
Reporter:	Schade.
Antonia:	Und dann diesen Ärger mit die Münsteraner.
Reporter:	Münster? In welcher Liga spielen die denn?
Antonia:	Herr Reporter!
Reporter:	Entschuldigung.
Antonia:	Die Münsteraner mit ihre Widdertäufer. Die sind den alle beide om Wecker gegang, die Katholischen und die Evangelischen.

Reporter:	Das konnte ja nicht gutgehen.
Antonia:	Ging et onnich. Hamse im Käfig gesperrt.
Reporter:	O je.
Antonia:	Ich will Sie gaa nich sagen, wat se mit die sonz noch allet gemacht ham.
Reporter:	Dafür bin ich dankbar.
Antonia:	Und dann ging der Zoff ers richtig los. Dreißig Jahre ham se sich gekloppt. Und weil dat Ruhrgebiet mittendrin waa, hamse ihre Klopperei auch mittendrin in dat Ruhrgebiet veranstaltet.
Reporter:	Und was war mit der Aufklärung? Über die haben wir noch gar nicht gesprochen.
Antonia:	Die waa dat doch schuld. Immer wenne einen aufklärs, geht gleich die Klopperei los. Weiß doch jeder.
Reporter:	Frau Dr. Antonia, vielen Dank für dieses klärende Wort.

Dreißig Jahre Zoff anne Ruhr

Reporter:	Frau Dr. Antonia Cervinski-Querenburg, der Dreißigjährige Krieg ist leider nicht am Ruhrgebiet vorbeigegangen.
Antonia:	Konnter gaa nich.
Reporter:	Warum nicht?
Antonia:	Weil den Dreißigjährigen Krieg immer so von oben nach unten und von unten nach oben gegang is.
Reporter:	Aha.
Antonia:	Und geht vleicht dat Ruhrgebiet von oben nach unten?
Reporter:	Nein. Das Ruhrgebiet hat sich schon immer quer gelegt.
Antonia:	Sehnse, Herr Reporter. Weil dat Ruhrgebiet immer quer liegt, müssen die, die von oben nach unten maschiern, und die, die von unten nach oben maschiern, immer mitten durch et Ruhrgebiet.
Reporter:	Wer hat uns denn alles besucht im Dreißigjährigen Krieg?
Antonia:	Dat glaubse kaum, wer da allet da waa. Die Spanier, die Italiener, die Holländer, die Schweden, die Franzosen und dann die ganzen Deutschen vonne hinterste Ecken.
Reporter:	Und es lief nicht immer friedlich ab.
Antonia:	Gut getippt, Herr Reporter. Waa ja Krieg. Dreißgjähriger.
Reporter:	Ein elend langer Krieg.
Antonia:	Dat waa ja noch gaa nix. Weil eintlich ham die sich anne Westecke schon vorher gekloppt. Weil die Holländer und Spanier nich klaakamen, hamse sich achtzig Jahre lang gekloppt. Und immer mitten Schlenker durch et Ruhrgebiet.
Reporter:	Achtzig Jahre? Das gibt's doch gar nicht.
Antonia:	Und dat et dat gibt. In den Achtzigjährigen waa aber den Dreißigjährigen schon drin.
Reporter:	Gott sei Dank. Sonst wären das ja hundert Jahre gewesen.
Antonia:	Hundertzehn.
Reporter:	Auf die zehn kommt es dann auch nicht mehr an.
Antonia:	Wenne mittendrin biss, ärgerse dich auch übber zehn Jahre mehr.
Reporter:	Aber irgendwann war es dann doch vorbei.
Antonia:	Jau. Irgenswann hatten se Schnauze voll. Dann hamse sich auf wat geeinigt.

Reporter:	Auf was denn?
Antonia:	Darauf, dat se zwei Sachen glauben durften.
Reporter:	Immerhin.
Antonia:	Aber nich zwei auf eima.
Reporter:	Ist doch klar.
Antonia:	Und onnich dat, wat se wollten.
Reporter:	Sondern?
Antonia:	Gezz durften se immer dat glauben müssen, wat die ihr Fürst geglaubt hat. Die hatten sich da son Grundsatz ausgedacht. Wen seine Härschaft den seine Rellion. Dat konnte ma dat eine sein und ma dat andere.
Reporter:	Und was hat man im Ruhrgebiet geglaubt?
Antonia:	Beidet. Kam drauf an, wen se grade am gehorchen waan.
Reporter:	Hauptsache Frieden.
Antonia:	Jau. Und dann hamse sich gegenseitig noch orntlich Land abgeluxt. Damit se en schönen Grund fürn nächsten Krieg hatten.
Reporter:	Frau Dr. Antonia, ich könnte Ihnen dreißig Jahre zuhören.

Dat Revier seine Hexen

Reporter: Frau Dr. Antonia Cervinski-Querenburg, nach der Reformation und dem Dreißigjährigen Krieg kehrte endlich Vernunft im Sinne der Aufklärung ein.

Antonia: Kommt drauf an.

Reporter: Worauf kommt es denn an?

Antonia: Auf dat, wat Sie unter Vernumpft verstehn.

Reporter: Wie meinen Sie das?

Antonia: Zum Beispiel die Sache mit die Hexen.

Reporter: Nun gut …

Antonia: Nix gut. Mit die Hexen, da ham die ersma eimfach weitergemacht.

Reporter: Auch im Ruhrgebiet?

Antonia: Und ob. Den letzten Hexenprozess im Vest hamse sich siebzehnhundert und en paa Kleine geleistet.

Reporter: Oje!

Antonia: Aber angefangen hamse natürlich viel früher. Ma hamse in Doatmund sonne aame Olle wegen Zauberei untern Galgen lebendig begraben. Ma hamse im Vest ne Hexe umme Ecke gebracht, weil se schuld an ein kalten Winter waa.

Reporter: Kalte Winter haben wir immer noch. Es ist wie verhext.

Antonia: Und dann diese ewige Wasserproben, von Duisburch bis Doatmund.

Reporter: So eine Wasserprobe konnte man ja nur schwer gewinnen.

Antonia: Ging gaa nich. Wenne gefesselt im Wasser geworfen wirs, kannze schlecht schwimm. Waaste zwa unschuldig, wenne untergings, hat aber nix genützt, weil biss ja untergegang.

Reporter: Und wenn man doch schwimmt?

Antonia: Dann bisse ne Hexe, sonz könnze ja so nich schwimm. Dat is die Anna Coesters in Doatmund passiert. Is oben geschwomm. Musste also rein im Folterkeller und dann om Scheiterhaufen. Waa ja ne Hexe.

Reporter: Ist das denn für die Angeschuldigten nie gut ausgegangen?

Antonia: Nie kannze nie sagen. Konnz auch Glück ham.

Reporter: Wirklich?

Antonia:	Wirklich. Glück wie die olle Wetzel in Duisburch. Die hamse angeklacht, dat se die Milch von ihre Nachbarin verzaubert hätt. Hattse aber nich.
Reporter:	Und, wurde sie verurteilt?
Antonia:	Nää. Aber die Olle, die dat behauptet hat, waa dran, wegen Verleumdung.
Reporter:	Und? Wurde die jetzt bestraft?
Antonia:	Jau. Musste en paa tausend Steine om Maakt tragen.
Reporter:	Ein steinhartes Urteil. Aber irgendwann war doch Schluss mit dem Spuk.
Antonia:	Jau. Aber bis dahin waan schon jede Menge Unschuldige übber de Wupper.
Reporter:	Frauen und Männer.
Antonia:	Hauptsächlich Frauen. Nur en paa Männekes. Weil die hatten noch kein Gleichstellungsbeauftragten. Waa sonne richtige gläserne Decke für die Männer. Die konnten noch so rumzaubern. Kamen eimfach nich om Scheiterhaufen.
Reporter:	Frau Dr. Antonia, vielleicht hätte ja eine Quote geholfen.

Die Völkerschlacht um dat Ruhrgebiet

Reporter:	Frau Dr. Antonia Cervinski-Querenburg, nach den letzten Hexen fing dann ja die Neuzeit an.
Antonia:	Jau. Dat waan die Aufklärung ihre Folgen. Da waan wir gezz auf eima unheimich vernümpftig.
Reporter:	Wie schön.
Antonia:	Ging so. Weil dat waan nich wir selber.
Reporter:	Wer denn?
Antonia:	Den ollen Nappi. Also gut. Ich seh an Ihre fragende Augen, dat ich noch sagen muss, dat den ollen Nappi den ollen Napoleon waa.
Reporter:	Und der war vernünftig.
Antonia:	Auf seine Weise. Der is eimfach gekomm und hat gesacht: So gezz mach ich dat allet. Wird allet vernümpftig neu geordnet. Und dann macht ihr dat genau so, wie ich euch dat gesacht hab. Dann läuft dat schon.
Reporter:	Na ja. Vernunft ist wohl Ansichtssache.
Antonia:	Tat sowieso nich halten.
Reporter:	Was ist denn passiert?
Antonia:	Die Völkerschlacht von Leipzig.
Reporter:	Leipzig? Das liegt doch gar nicht im Ruhrgebiet.
Antonia:	Nää. Aber da hamse sich alle zusammgetan. Die Preußen und die Ösis und die alten Schweden und die Russen, nur damit dat se dat Ruhrgebiet von den Napoleon befrein.
Reporter:	Donnerwetter.
Antonia: ke	Kannze wohl sagen. Die Ossis ham schon immer ne staa- Schwäche für et Ruhrgebiet gehabt.
Reporter:	Und dann war Napoleon weg?
Antonia:	Noch nich ganz. Weil dann hamse ers noch in Wien sonne Tanzveranstaltung gemacht.
Reporter:	Tanzveranstaltung?
Antonia:	Son Kongress mit Damenprogramm und dann hamse den Nappi gesacht: Gezz bleibse immer links von dein Rhein und lässt die Footen von dat Ruhrgebiet.
Reporter:	Wunderbar.
Antonia:	Geht so.

Reporter:	Wieso geht das denn schon wieder nur so?
Antonia:	Weil dann ham wir die Preußen widder reinlassen müssen. Die ham sich schomma dat Ruhrgebiet gekrallt gehabt. Dann hat den Nappi die dat weggenomm. Dann waa den Nappi weg. Und dann ham die Preußen dat ganze Revier widdergekriegt.
Reporter:	War das denn so schlimm?
Antonia:	Jau. Allein schon wegen die Sprache.
Reporter:	Wie bitte?
Antonia:	Weil die allet durchenanderbring mit ihre Sprache. Anstatt dat se dat sagen, sagen se det. Und dann verwechseln se immer den vierten und dem dritten Fall.
Reporter:	Aber das tun wir doch auch.
Antonia:	Ja, aber richtig rum. Die sagen mir statt mich. Dabei musse doch mich statt mir sagen. Die ham keine Ahnung vonne richtigen Fehler.
Reporter:	Frau Dr. Antonia, vielen Dank für diese Richtigstellung.

Wie dat waa, eh dat die Fabriken kamen

Reporter: Frau Dr. Antonia Cervinski-Querenburg, wie sah denn das Ruhrgebiet eigentlich früher aus?

Antonia: Wie, früher? Wie die Neandertaler noch rum am streunen waan?

Reporter: Nein, nicht ganz so früh. Sagen wir: vor der industriellen Revolution.

Antonia: Schön sah et aus. Waa son richtiget Idyll. Konnze im Schwärmen komm. So diese Hügel und diese fetten Wiesen und diese Flüsskes, dat liebliche Emscherken und die romantische Ruhr.

Reporter: Mir wird ganz anders.

Antonia: Waa aber so. Dat ham schließlich die Leute selbs gesacht, die dammals durch et Ruhrgebiet gelatscht sind.

Reporter: Wer denn zum Beispiel?

Antonia: Kein Geringeren wie den ollen Fürst Pückler.

Reporter: Pückler? Der Eis-Fürst?

Antonia: Genau, den von dat Fürst-Pückler-Eis.

Reporter: Was hat der denn im Ruhrgebiet gemacht?

Antonia: Waa aufe Durchreise von Sachsen nach England, eh dat die Zechen da waan. Und hat in sein Tagebuch so wat vonne Ruhr geschwärmt, dat glaubse gaa nich. Ich sach Sie dat ma in meine eigene Worte.

Reporter: Wenn's denn sein muss.

Antonia: Also an eine Stelle, da hat den Fürst geschrieben, dat die Gegend, durch die er gestiefelt is, von eine anmutigste und sanfteste Natur wär. Nämmich zum Beispiel Steele anne Ruhr. Dat wär ein Ort, woe dich von dat Leben sein Getümmel in eine heitere Einsamkeit verkrümmeln könnz.

Reporter: Das kann ja heiter werden.

Antonia: Und dat er sich nich hat sattsehn könn an die saftige und die frische Vegetation und an die prachtvolle Eichen und Buchenwälder. Und dann wär da übberall son fruchtbaan Boden, ma braun und rot, ma hell und grün. Und dann diese Dörfer mit die Haine drummerum und diese Ruhr, wie se sich so langschlängeln tät.

Reporter:	Frau Dr. Antonia, da kommt man ja selbst ins Schwärmen, wenn man Ihnen zuhört, wie Sie Fürst Pückler zitieren.
Antonia:	Aber in meine eigene Worte.
Reporter:	Ja, ja, das merkt man.
Antonia:	Und dat is ja noch nich allet.
Reporter:	Nein? Geht es denn noch schöner?
Antonia:	Und ob. Schreibt den ollen Fürst doch glatt, wenn er anne Ruhr sterben müssen tät, dann würd er sich hier lachend niederlassen.
Reporter:	Ich glaube, meine Frage, wie denn das Ruhrgebiet vor der industriellen Revolution aussah, ist damit beantwortet.
Antonia:	Jau, muss ganz töfte gewesen sein.
Reporter:	Frau Dr. Antonia, der Fürst hätte es nicht schöner sagen können.

Die ollen Gründer und ihre Straßennamen

Reporter: Frau Dr. Antonia Cervinski-Querenburg, wir sollten uns noch ein wenig über die Gründerjahre und die industrielle Revolution unterhalten.

Antonia: Wieso dattan?

Reporter: Na ja. Ohne Menschen ging das Ganze ja wohl nicht.

Antonia: 'türlich nich. Da hasse jede Menge Aabeiter für gebraucht.

Reporter: Natürlich. Aber in den Gründerjahren muss es doch auch Gründer gegeben haben. Das sagt doch der Name schon.

Antonia: Da hamse auch widder recht, Herr Reporter.

Reporter: Also erzählen Sie.

Antonia: Wat gibt et da schon groß zu erzählen. Kennt doch jedet Kind, wer dat allet waa.

Reporter: Wirklich? Woher denn?

Antonia: Na, von die ganze Straßen.

Reporter: Wie bitte?

Antonia: Von die Straßennamen. Da sind die doch alle drauf, die ganzen Gründers. Hamse doch nach die alle die ganzen Straßen genannt.

Reporter: Meinen Sie etwa die Krupp-Allee und so?

Antonia: Allee, Straße, is doch egal.

Reporter: Aber Krupp stimmt ja wohl.

Antonia: Jau, den Friddrich Krupp mit den seine ganze Stahlwerke. Und Fränzken Haniel mit den seine Gutehoffnungshütte. Und den Friddrich Harkort mit den seine Dampfmaschinen und seine Bahn. Und den August Thyssen mit den sein Eisenwerk und sein Walzwerk. Und den Heinrich Thyssen mit den seine ungarische Baronin, die dolle Bornemisza.

Reporter: Dann war das ja wirklich ein richtiger Schlotbaron mit seiner Baronin.

Antonia: Und den Hugo Stinnes mit den seine Schiffe und seine Berchwerke und seine ganze Kohle.

Reporter: Hat der Stinnes denn so viel Kohle gehabt?

Antonia: Echte Kohle von aussen Berchwerk. Und die andere Kohle hamse alle gehabt. Dat waan doch die Bill Gehtse von ihre Zeit. Und dat Ruhrgebiet waa dat Sillekohn Wälli.

Reporter: Und jetzt sind es lauter Straßennamen.

Antonia: Auch, aber dat nich nur. Dat sind ja fast allet noch große Indestrienamen von heute. Die ham sich übber die ganze Gennerationen inne neue Zeit rübbergerettet. Vonne Schwerindestrie in wat Leichteret.

Reporter: Darum haben wir es im Ruhrgebiet jetzt alle leichter.

Antonia: Jau waa ja schwer, so ewig im Berchwerk rumkrauchen und anne Esse sich ein abschwitzen.

Reporter: Das war nur etwas für ganz harte Männer.

Antonia: Kannze wohl sagen. Aber ohne Aabeit om Sofa is onnich leicht.

Reporter: Was wollen Sie damit sagen?

Antonia: Dat dat ohne die ollen Schlotbarone onnich den wahren Jakob is. Wo se da waan, waan die Leute schwer am malochen, bisse nimmehr konnten. Und gez, wo se weg sind, hätten se manchma gerne sonne olle Maloche.

Reporter: Frau Dr. Antonia, wie es kommt, kommt es verkehrt.

Dann kamse aussen Osten

Reporter:	Frau Dr. Antonia Cervinski-Querenburg, der Bergbau ist ja ohne die Zuwanderer aus dem Osten gar nicht vorstellbar.
Antonia:	Stimmt. Ohne die Türken wär der Berchbau schon längs im Eimer.
Reporter:	Ich dachte jetzt an die Polen.
Antonia:	Ach, Sie meinen dammals, wo meine Vorfahn im Ruhrgebiet gekomm sind.
Reporter:	Die meine ich, Frau Dr. Cervinski …
Antonia:	Is ja gut. Dat waan noch Zeiten, wie die dammals alle im Pott kamen. Waa ja noch en weiten Weech in die damalige Zeit von Bialystok nach Schalke.
Reporter:	Das klingt heute noch weit.
Antonia:	Und dann die Sprache.
Reporter:	Ja, die polnische Sprache ist keine leichte Sprache.
Antonia:	Wieso dattann? Polnisch, dat konnte doch jeden. Aber dat Platt von die Ureinwohner. Dat konnte doch keine Sau verstehn.
Reporter:	Nein?
Antonia:	Nää. Mit dat ganze »dat« und »wat« und »datte dat« und »wenne wat« und »obse ma« und »datte dat nich daafs und dat nich daafs« und übberhaupts.
Reporter:	Verstehe.
Antonia:	Deswegen pass ich doch so auf, dat auch die andern so aussen Süden en bissken wat von dat verstehn, wat wir hier so verhackstücken. Von wegen meine Vorfahn. Weil wie die hier gekomm sind mit ihrn schönet Polnisch, da ham die hier alle so wat von ne Fremdsprache gesprochen. Dat waa nich für zum Aushalten.
Reporter:	Aber sie sind alle zusammen unter Tage gefahren.
Antonia:	Jau. Um für zum Sprache lernen.
Reporter:	Wie bitte?
Antonia:	Ohne Sprache kannze dich ja nich streiten.
Reporter:	Also Sprache als Streitkultur.
Antonia:	Jau äy. Ers hat den einen gesacht: Hau nich so om Putz, du ollen Gedingeschlepper. Und dann hat den andern gesacht: Willze ein mitten Mottek vorn Aaschleder kriegen?

Reporter: So ist man sich nähergekommen.

Antonia: Stimmt. Nach son paa Gennerationen mit jede Menge Kloppereien ging dat dann plötzlich nimmehr weiter.

Reporter: Was ging nicht mehr weiter?

Antonia: Na, die Kloppereien. Hätten se schon gerne weitergemacht. Aber die ham sich dann übberhaupts nimmehr unterscheiden können. Sahen auf eima alle aus wie Ruhrgebiet. Und ers nach en Name fragen, bevor de ein ein reintunks, dat is ja auch blöd. Also hamse aufgehört mit die Klopperei.

Reporter: Aber jetzt streiten sie sich auf türkisch.

Antonia: Nur wenn se nich anne Dönerbude stehn. Kannz ja nich dein Döner mampfen und zu den Türke neben dich sagen: Hau ab, du ollen Özil.

Reporter: Frau Doktor, ich glaube, das nennt sich Integration.

Die Schlote ihre Barone

Reporter: Frau Dr. Antonia Cervinski-Querenburg, erst die industrielle Revolution hat ja das Ruhrgebiet zur vollen Blüte gebracht.

Antonia: Jau, wegen den Berchbau.

Reporter: Über den Bergbau reden wir noch.

Antonia: Müssen wir wohl. Denn ohne die Kohle hätten die Schlotbarone ja nix für ihre Schlote gehabt.

Reporter: Aber die großen Industriellen haben ja das Ruhrgebiet geprägt.

Antonia: Gedenfalls hamse sich hier breitgemacht. Dat waan ja allet keine echten Barone. Die echten saßen ja auf ihre Schlösskes im Münsterland. Und die Schlotbarone ham sich dann ihre Schlösskes direkt neben ihre Schlote hingestellt.

Reporter: Wohnen und arbeiten eng verzahnt.

Antonia: Jau. Dann hamse ja auch für die Aabeiter diese Yuppie-Häuskes gebaut, diese Aabeitersiedlungen mit die ganzen schicken kleinen Verzierungen und die Gärtkes und den Stellplatz für dat Auto.

Reporter: Wie bitte?

Antonia: Nu sein Se ma nich so. Waa doch nur en kleinen Scherz. Aber dat mit die Aabeitersiedlung stimmt.

Reporter: Eine freiwillige Sozialleistung.

Antonia: Stimmt. Und schön niedrige Mieten. Die ham die Aabeiter von ihrn spaasamen Lohn gleich widder an den Schlotbaron abgegeben.

Reporter: Aber doch nicht den ganzen Lohn.

Antonia: Dat wär doch gaa nich gegangen. Die brauchten ja noch bissken wat für zum Einkaufen. In den Einkaufsladen von den Schlotbaron.

Reporter: Sie sind aber heute kritisch gestimmt.

Antonia: Übberhaupts nich. Die Aabeiter ham immer schön wat zu aabeiten gehabt. Den ganzen Tach. Immer schön waam anne Thomasbirne.

Reporter: Besser als kalt auf dem Acker.

Antonia: Vleicht. Und dann se se auch noch schöne Maniern beigebracht ham.

Reporter:	Se se?
Antonia:	Die Schlotbarone die Aabeiter.
Reporter:	Aha. Und was für Manieren waren das?
Antonia:	Na, dat die die Aabeiter gelernt ham, dat se immer schön en Diener machen und die Mütze vom Kopp und orntlich aufsagen: Guten Tach, Herr Schlotbaron!
Reporter:	Oder: Guten Morgen, Frau Schlotbaroness!
Antonia:	Wolln Se mich om Aam nehm, Herr Reporter?
Reporter:	Niemals. Ich finde Sie heute nur etwas streng.
Antonia:	Dat waan ja auch strenge Zeiten.
Reporter:	Aber es war doch die industrielle Revolution. Ein riesiger Fortschritt.
Antonia:	Jau. Sogaa für die Kinderkes. Die durften auch schön inne Fabrik aabeiten. Damit se nich so alleine zu Hause waan.
Reporter:	Frau Dr. Antonia, ich sehe, mit Ihnen ist heute wirklich nicht zu spaßen.

Die Zechen ihre Poesie

Reporter:	Frau Dr. Antonia Cervinski-Querenburg, die Zechen sind ja sozusagen über Nacht ins Ruhrgebiet gekommen.
Antonia:	Also en paa Jährkes hat dat schon gedauert. Aber stimmt schon. Hatten en ganz schönen Zahn drauf. Kam eine nache andere. Wie bei de Kannickels.
Reporter:	Das war wohl eine Art Goldrausch.
Antonia:	Jau. Den reinsten Kohlerausch. Wie den ein Unternehmer die eine Zeche aufgemacht hat, hat sofort ein andern ne andere aufgemacht.
Reporter:	Das muss ziemlich mühsam gewesen sein.
Antonia:	Jau, bei die Menge. Dat waan ja hinterher fast dreihundert Stück, die die da so inne Erde reingebohrt ham.
Reporter:	Die waren ganz schön fleißig damals.
Antonia:	Waa ja dat neunzehnte Jaahundert. Da waan se sowat von am rumprötteln. Glaubse ma gaa nich, wat die für Hummeln im Hintern hatten.
Reporter:	Es waren eben die Gründerjahre.
Antonia:	Schön fommeliert, Herr Reporter. Gedenfalls waa dat en haatet Stück Aabeit, so fast jeden zweiten Tach ne neue Zeche aufmachen.
Reporter:	Das kann ich mir vorstellen.
Antonia:	Und dann mussten die ja alle en Namen kriegen. Konnze ja nich eimfach sagen: So, dat is gezz ne Zeche. Hättse ja mit die ganzen andern verwechselt.
Reporter:	Und damals gab es noch keine Agenturen, die neue Firmennamen vom Computer aussuchen lassen konnten.
Antonia:	Nää. Mussten se allet selber machen. Merkse ja auch.
Reporter:	Ja? Woran denn?
Antonia:	An den Klang von die Namen. Rosenblumendelle. Fröhliche Morgensonne. Siebenplaneten. Unser Fritz. Alte Haase. Schnabel ins Osten. Da kommt doch kein Computer drauf.
Reporter:	Nein. Das ist reine Poesie.
Antonia:	Und dann noch diesen Ausländer.
Reporter:	Meinen Sie die Polen?
Antonia:	Quatsch. Ich mein diesen Iren. Diesen Mulvany.
Reporter:	Was wollte der denn hier?

Antonia:	Wat heißt hier wollte. Der is eimfach ma so von Irland rübbergekomm und hat dann so Zechen mit so komische Namen angefangen.
Reporter:	Das ist aber komisch.
Antonia:	Jau äy. Auf eima, da waa da ne Zeche Shamrock. Und ne Zeche Hibernia. Und ne Zeche Erin. Mitten in dat Herz von et Ruhrgebiet.
Reporter:	Aber es ging doch auch sehr deutsch zu.
Antonia:	Kannze wohl sagen. Sogaa en Deutschen Kaiser hamse gebohrt. Und en Graf Moltke.
Reporter:	Das war ja das reinste Bergmannsglück.
Antonia:	Jau. Ne Zeche Berchmannsglück gab et auch. Aber mich gefällt irgenswie den Shamrock besonders gut. Is ja en vierblättriget Kleeblatt. Dat is dat irische Berchmannsglück.
Reporter:	Ein Hoch auf das irische Ruhrgebiet.

Die dicke Berta und dat dicke Ende

Reporter:	Frau Dr. Antonia Cervinski-Querenburg, das Ruhrgebiet war ja mal die Waffenschmiede Deutschlands.
Antonia:	Jau. Unter Tage hamse die Kohle aussen Berch gehaun und übber Tage hamse mit die Kohle ihrn Stahl gemacht und mit den Stahl hamse die dicke Berta gemacht.
Reporter:	Genau, die dicke Berta, das war doch die Tochter von …
Antonia:	Machen Se gezz ma keine billige Scherze, Herr Reporter.
Reporter:	Also gut.
Antonia:	Aussen Revier hamse die dicksten Kanonen für im Krieg geliefert. Bis et dann noch dicker kam.
Reporter:	Noch dicker?
Antonia:	Jau, mit die Kriege.
Reporter:	Natürlich. Da war das Ruhrgebiet aber noch das wichtigste Gebiet von ganz Deutschland.
Antonia:	Jau. Aber die dicken Wichtigtuer in Berlin waa dat Ruhrgebiet auch irgenswie unheimlich.
Reporter:	Wichtig, aber unheimlich? Das find ich aber komisch.
Antonia:	Waa aber so in den Willi seine Kaiserzeit.
Reporter:	Und warum?
Antonia:	Weil die Berchleute und die Malocher im Stahlwerk nich so gerne hurra am schrein waan, wenn son Kaiser ma vorbeikam und wat Schönet aufsachte.
Reporter:	Und das fanden die Kaisertreuen unheimlich?
Antonia:	Jau, irgenswie verdächtig. Wie wenn die wat gegen die Obrigkeit hätten.
Reporter:	Hatten sie ja vielleicht auch.
Antonia:	Hatten se ja vleicht auch Grund zu.
Reporter:	Aber die Kanonen wurden hier im Revier gebaut.
Antonia:	Jau, wegen die Hochöfen. Sogaa den Führer, diesen Kaiserersatz, hat dat Ruhrgebiet dafür gebraucht.
Reporter:	Und wie war das bei Adolf mit dem Hurra-Schreien?
Antonia:	Gedenfalls nich so laut wie anne andern Stellen von Deutschland. Ham ja auch welche gesacht: Den Döskopp kann mich ma. Aber dann hamse hier mit die Bomben trotzdem allet kurz und klein gehauen.

Reporter: Das war aber nicht die feine Art.

Antonia: Nää. Dat waa wegen die ganze kriegswichtige Fabriken.

Reporter: Aha. Und nach den Bomben waren die Bergwerke und die Stahlfabriken alle weg.

Antonia: Nää, dat wegmachen ham wer allet selber gemacht, wie schon lange Frieden waa. Ersma ham wer noch orntlich Kohle aussen Berch geholt, und inne Hochöfen waan noch töfte Feuerkes am brennen. Damit dat mit dat Wirtschaftswunder auch klappen tut.

Reporter: Und dann?

Antonia: Dann ham wer gesacht, äy, gezz machen wir ma en töften Strukturwandel, und dann ham wer aus die Berchwerke und die Fabriken und die Hochöfen so richtig wertvolle Denkmäler gemacht.

Reporter: Frau Dr. Antonia, da kann ich nur sagen: Denk mal einer an.

Die Franzosen und ihre Liebe zu et Revier

Reporter:	Frau Dr. Antonia Cervinski-Querenburg, das Ruhrgebiet liegt doch ziemlich weit links …
Antonia:	Wie meinen Se dat?
Reporter:	Geografisch natürlich. Wie denn sonst. Ich will nur sagen: Da ist doch Frankreich nicht weit.
Antonia:	Umgekehrt wird da en Paa Schühkes draus.
Reporter:	Umgekehrt? Was meinen Sie damit?
Antonia:	Dat dat Ruhrgebiet nich weit von die Franzosen weg is.
Reporter:	Das ist doch gehupft wie gesprungen.
Antonia:	Historisch is dat en klaan Fall. Weil die Franzosen dat Revier ab und zu ein Besuch gemacht ham.
Reporter:	Aber die Deutschen sind doch auch in Frankreich einmar…
Antonia:	Weiß ich doch. Aber nich speziell die Ruhris. Aber die Franzosen ham sich ma richtig im Ruhrgebiet verliebt.
Reporter:	Ah, l'amour. Wann war denn diese große Liebe?
Antonia.	Inne Weimarer Reppeblik. Da sind die Franzosen im Ruhrgebiet gekomm und ham gesacht: Dat nehm wir uns gezz anne Brust.
Reporter:	Und wie haben sie das begründet?
Antonia:	Weil wir keine Moneten gehabt ham. Hatten wir alle im Krieg verpulvert. Und gezz konnten wir die ihr Lösegeld nich zahlen.
Reporter:	Lösegeld? Ich dachte, die wären ins Ruhrgebiet verliebt gewesen?
Antonia:	Waan se auch. Wollten et gaa nimmehr rausrücken.
Reporter:	Aber dabei ist es ja nicht geblieben.
Antonia:	Nää, weil wir ham die ihre Liebe nich erwidert. Und dat ham wir die gesacht.
Reporter:	Nur gesagt?
Antonia:	Nää, auch gezeicht. Mit so unfeine Gesten. Dat waa son richtigen Ruhrkampf zwischen den Verährer und seine unwillige Braut. Dann waan se beleidigt. Ham ers noch bissken rumgemeckert und dann sind se verduftet.
Reporter:	Das kann passieren. Man kannte sich ja gar nicht.
Antonia:	Würd ich nich sagen. Den ollen Napoleon waa ja auch schomma da.

Reporter:	Napoleon? War der auch ins Ruhrgebiet verliebt?
Antonia:	Nää. Ob blond, ob braun, der liebte alle Fraun. Außerdem waa der mehr so ein Organisator.
Reporter:	Was hat der denn organisiert.
Antonia:	Dat Ruhrgebiet. Der hat aus dat schöne olle Revier lauter so Depattemangs gemacht.
Reporter:	Departements? Gleich mehrere?
Antonia:	Jau äy. Ein Rhein-Depattemang für die linke Hälfte und ein Ruhrdepattemang für die rechte Hälfte.
Reporter:	Dann hat er ja die Rheinländer und die Westfalen brutal auseinandergerissen.
Antonia:	Jau äy. Und dat hat die so weh getan, dat se dat bis heute so gelassen ham. Aber trotzdem sprechen se alle Ruhr-deutsch. Die ein mit son klein Rheindepattemang-Axent und die andern mit son klein Ruhrdepattemang-Axent.
Reporter:	Frau Dr. Antonia, vielen Dank für diese kleine französische Liebesgeschichte.

Reporter:	Frau Dr. Antonia Cervinski-Querenburg, das Ruhrgebiet wurde ja nicht von selbst ein Industriegebiet.
Antonia:	Nää, da mussten paa Sachen zusammkomm.
Reporter:	Was für Sachen?
Antonia:	Ersma die Sachen, die da so inne Erde waan.
Reporter:	In der Erde?
Antonia:	Ja kenn Se doch. So die Kohle und dat ganze Eisen.
Reporter:	Eisen? Wirklich? In der Erde?
Antonia:	Also gut. Dat Ärz, wo se dann dat Eisen draus machen.
Reporter:	Sonst noch was?
Antonia:	Und dat Wasser.
Reporter:	Das Wasser? In der Erde?
Antonia:	Nää, aufe Erde. Kenn Se doch. Die Flüsse. So die Ruhr und die Emscher und en Stücksken von den Rhein und die Köttelbecke für zum Mist reinschütten.
Reporter:	Aber die Flüsse waren doch nicht nur für den Dreck da.
Antonia:	Nää. Die waan auch so zum Abtransportieren von die ganze Sachen da, die die da gemacht ham. Die Kohle und den Stahl und die Maschinen und dat ganze Zeuchs.
Reporter:	Und wohin wurde das abtransportiert?
Antonia:	Wohin denn wohl. Zu die Kunden, die dat Zeuchs gekauft ham. Die ham dat doch im ganzen Reich verscheuert. Und dann sogaa noch inne ganze Welt. Dat waa die reinste Globbalisierung waa dat.
Reporter:	Aber die Globalisierung hat man doch erst später erfunden.
Antonia:	Stimmt. Aber wenn se dammals schon dat Wort Globbalisierung eingefallen wär, dann wär et auch eine gewesen. So waa et ehmt nur en Welthandel.
Reporter:	Ach so. Nur ein Welthandel.
Antonia:	Jau. Aber die Engländer hat dat ganz schön genervt.
Reporter:	Was hatten denn die Engländer damit zu tun?
Antonia:	Weil die ham ja zuers diese ganze Indestrie erfunden. Und dann hat die dat geärgert, dat die aussen Ruhrgebiet dat auf eima auch konnten.
Reporter:	Ach so, wegen der Konkurrenz.

Antonia:	Jau äy. Und dadrum ham die dat mit dat »Meht in Tschörmeni« erfunden.
Reporter:	Sie meinen »Made in Germany«.
Antonia:	Jau, dat mein ich. Dat die Deutschen übberall auf ihre Sachen »Meht in Tschörmeni« pinseln mussten.
Reporter:	Und was sollte das bringen?
Antonia:	Dat sollte bringen, dat dat keiner kauft, weil dat nich »Met in Inglänt« waa.
Reporter:	Ach so, Abschreckung.
Antonia:	Waa aber nich. Ham trotzdem alle »Meht in Tschörmeni« gekauft, weil se gemärkt ham, dat die anne Ruhr unheimich töfte Sachen gemacht ham.
Reporter:	Frau Dr. Antonia, dann müsste es ja eigentlich »Meht anne Ruhr« heißen.

Den Aufschwung mit die Tauben

Reporter:	Frau Dr. Antonia Cervinski-Querenburg, wie war das denn eigentlich nach dem Krieg mit dem Aufschwung?
Antonia:	Weiß ich nich. Wie ich inne Schule Turnen hatte, waa schon nimmehr Nachkriegszeit.
Reporter:	Wie bitte?
Antonia:	Aufschwung. Anne Turnstange. Kenn Se doch.
Reporter:	Ich meine doch das Wirtschaftswunder.
Antonia:	Waa nur en klein Scherz, Herr Reporter. Dat Wirtschaftswunder? Dat hat bei uns angefang, bei de Berchleute. Die ham die Kohle ausse Erde geholt. Von die hamse sich dann en Käfer gekauft, dat se den samstachs waschen konnten. Dann sind se mit den anne Addria. Und dann hamse in ihrn Gaaten schön wat gegrillt. Dat waa dat Wirtschaftswunder.
Reporter:	Viele Bergleute hatten tatsächlich einen Garten hinter ihrem Häuschen.
Antonia:	Jau äy. Und früher, da hatten se in den Gaaten sogaa ne Berchmannskuh.
Reporter:	Und die haben sie gegrillt?
Antonia:	Herr Reporter! Die ham sich donnich an ihre eigene Ziege vergriffen. Dann hätten se ja auch gleich ihre Rennferde spachteln könn.
Reporter:	Rennpferde?
Antonia:	Die ihre Tauben. Kenn Se doch. Dat Rennferd von den klein Mann.
Reporter:	Natürlich, die Brieftauben. Ein großes Bergmannshobby.
Antonia:	Jau. Dat waa dat eintliche Wirtschaftswunder von die Berchleute. Dat die die Tauben gezüchtet ham und dat se auf die gewettet ham, wer Ersten wird.
Reporter:	Das Ruhrgebiet muss ja das reinste Tauben-Las-Vegas gewesen sein.
Antonia:	Jau, und Taumvatters Jupp waa für hinterher.
Reporter:	Taumvatters Jupp?
Antonia:	Die Kneipe, wo mein Vatter immer mit den Anton anne Theke waa und ihn so seine Fillesofie gelernt hat.
Reporter:	Das war wohl eine Art Taubenphilosophie.

Antonia:	Nu mackiern Se ma nich den Intelekteällen. Dat waa ja wichtig mit die Tauben ihr Rennen. Wenne nich weiß, wer beim Wetten en Reibach gemacht hat und wer seine Moneten los waa, dann konnze ja auch nich wissen, wer ein ausgibt.
Reporter:	Verstehe. Und die Tauben mussten ziemlich weit fliegen.
Antonia:	Marraton is nix dagegen. Die hamse mitten Auto bis im Ausland gebracht. Frankreich. Dänemaak, Bayern. Heißen ja auch Reisetauben. Aber dann mussten se kucken, dat se alleine widder nach Hause kam.
Reporter:	Wie haben die Tauben das denn geschafft?
Antonia:	Mit ihrn geheimnisvollen Orrentierungssinn. Ich glaub, die wussten, dat zu Hause son süßet Täubken auf die am waaten is. Und dann sind se nix wie hin. Und dann hamse se angeguat, wie wenn se sagen wollen täten: Hallo, mein Täubken. Ich bin widder vonne Aabeit zurück.
Reporter:	So, so. Jedenfalls kamen die Tauben wieder nach Hause.
Antonia:	Und dat waa immer wie son kleinet Wunder.
Reporter:	Und für einige Taubenväter sogar ein Wirtschaftswunder. Frau Dr. Antonia, dieses Gespräch verging wie im Fluge.

Dat beste Stück von et Revier

Reporter:	Frau Dr. Antonia Cervinski-Querenburg, das Ruhrgebiet hat in letzter Zeit ja viele Reformen erlebt.
Antonia:	Jau. Ers dat Gebiet seine Reform, dann die Struktur ihre.
Reporter:	Eine Menge Arbeit.
Antonia:	Kannze wohl sagen. Allein dat die bei die Gebietsreform dat berühmteste Stück von et Ruhrgebiet abgeschafft ham, dat waa nich leicht.
Reporter:	Das kann ich mir vorstellen. Moment. Welches berühmteste Stück Ruhrgebiet ist denn abgeschafft worden?
Antonia:	Raten Se ma, Herr Reporter.
Reporter:	Meinen Sie etwa …
Antonia:	… jau, den Mond …
Reporter:	… von Wanne-Eickel?
Antonia:	Oder kenn Se noch en andern Mond wie den Mond von Wanne-Eickel?
Reporter:	Höchstens noch den Mond von Saratonga.
Antonia:	Sehn Se? Den Mond von Saratonga hamse gelassen, aber Wanne-Eickel hamse mitsamt sein Mond untergehn lassen.
Reporter:	Na ja, untergehen? Es gibt Wanne-Eickel ja noch. Die Stadt ist nur eingemeindet worden. Wie Wattenscheid.
Antonia:	Ehmt nich wie Wattenscheid. Dat aame Wanne-Eickel hamse ja auch noch inne Mitte durchgeschnitten. In Herne-Wanne und Herne-Eickel. Dat is, wie wenn se Wattenscheid in Bochum-Watten und Bochum-Scheid zerstückelt hätten.
Reporter:	Frau Doktor. Jetzt machen Sie aber mal halblang.
Antonia:	Nix halblang. Doof bleibt doof. Und dat mitten im Revier.
Reporter:	Aber …
Antonia:	… Wanne-Eickel lebt trotzdem weiter. Weil wer von Friedel Hensch und die Cyprys en Lied gesung kriegt, den kannze dat ewige Leben nicht nehm.
Reporter:	Da bin ich aber froh. Aber sonst ist die Gebietsreform ja gut gelungen.
Antonia:	Jau, weil se nich allet durchgekriegt ham.
Reporter:	Was denn zum Beispiel?
Antonia:	Herr Reporter, erinnern Se sich noch an Glabotki?

Reporter:	Nein, dazu bin ich noch zu jung.
Antonia:	Dafür sehn Se aber ganz schön alt aus.
Reporter:	Zur Sache, bitte.
Antonia:	Dat waa dat einzig Gelungene, dat die dat mit Glabotki nich gelungen is.
Reporter:	Also die Zusammenlegung von Gladbeck, Bottrop und Kirchhellen.
Antonia:	Sieh ma einer an. Den Herr Reporter erinnert sich.
Reporter:	Warum ist das eigentlich schiefgegangen?
Antonia:	Wegen den Naam natürlich. Glabotki. Brauchse nur noch en »S« reintun, dann hasse Glabotski. Und dat im Ruhrgebiet. Dat wär doch für den Harald Schmidt mit seine Polenwitze en gefundenes Fressen gewesen.
Reporter:	Aber der hat doch damals noch gar nicht …
Antonia:	Is doch egal. Hätten se Glabotski genomm, dann hätten se auch gleich an türkischet Gegenstück machen könn.
Reporter:	Was für ein türkisches Gegenstück?
Antonia:	Weiß ich nich. Wie wärs mit Düsbürch?
Reporter:	Düsbürch-Rührört? Klingt doch schön, Frau Dr. Antonia.

Dat unsichtbare neue Ruhrgebiet

Reporter:	Frau Dr. Antonia Cervinski-Querenburg, wie finden Sie das Ruhrgebiet denn heute?
Antonia:	Leicht.
Reporter:	Wie bitte?
Antonia:	Egal, wo de biss. Fährs immer gradeaus, und dann bisse irgenswann mitten in et Ruhrgebiet. Außer wenne von ganz unten rechts, so von Hinterbayern, rauffährs oder wenne von ganz oben rechts, so von Usedom, runterfährs, dann fitscht de glatt vobei. Kommse nich im Ruhrgebiet, sondern nach Kassel. Pechsache.
Reporter:	Man kann aber auch links vorbeifahren.
Antonia:	Kommse nach Düsseldorf. Auch Pech, aber nich so schlimm wie Kassel.
Reporter:	Frau Dr. Antonia, Sie haben mich total missverstanden. Ich wollte eigentlich wissen, wie Ihnen das Ruhrgebiet heute gefällt.
Antonia:	Heute? Gut. Sonne is am scheinen. Kannze draußen sitzen und Latte Matschiato süppeln und knackige Typen kucken.
Reporter:	Macchiato. Mit »k«.
Antonia:	Klaa. Gestern waa auch schön. Waa am regen. Konnze inne Kneipe gehen und so tun, wie wenne bei Taumvatters Jupp wärs. Waa zwaa Rüttentütt. Macht aber nix. Die heißen heute ehmt anders.
Reporter:	Sie finden das Ruhrgebiet also immer schön, bei Sonne und bei Regen.
Antonia:	Stimmt. Sogaa bei Kultur.
Reporter:	Wat? Verzeihung, wie bitte?
Antonia:	Auch wenn Kultur is, kann dat Ruhrgebiet ganz schön sein. Dat is ja dat neue Herz von et Revier. Wenn se so mit ihrn Tütü inne Stahlfabrik en schönet Aabeiterbalett machen. Oder wenn se innen Gasometer so Gedichte aufsagen, son Poetrie-Schlamm.
Reporter:	Poetry Slam. Mit »ä«.
Antonia:	Stimmt. Oder wenn se inne olle Waschkaue den Otello inne total ungewohnte Umgebung seine Frau abmurksen lassen.

Reporter:	Othello. Mit »h«.
Antonia:	Hab ich doch gesacht. Übberhaupts so dat ganze neue Ruhrgebiet. Mit diese ganze Dienstleistungen.
Reporter:	Können Sie da mal Beispiele nennen?
Antonia:	Wat wollen Se denn auf eima die ganze Beispiele für? Dienstleistungen ehmt. Dat sind so diese unsichtbaan Sachen. Da leisten se dich die Dienste, und du merks dat gaa nich, weil die sind ja nich für zum Anfassen.
Reporter:	Ja, was denn zum Beispiel?
Antonia:	Ja, zum Beispiel, dat die dich versichern …
Reporter:	Versicherungen?
Antonia:	Dat die dich versichern, dat die den Dienst geleistet hätten und datte dat auch gaa nich merken muss. Hamse denn noch nie wat von Dienstleistungsgesellschaft gehört, Herr Reporter?
Reporter:	Vielen Dank, Frau Dr. Antonia für Ihre Dienstleistung, uns das neue Ruhrgebiet zu erklären.

Den ganzen Fortschritt vonne Sprache

Reporter:	Frau Dr. Antonia Cervinski-Querenburg, zum Schluss hin sollten wir noch ein bisschen über die Ruhrgebietssprache sprechen. Die hat doch ganz sicher auch eine historische Entwicklung genommen.
Antonia:	Da geh ich ma von aus.
Reporter:	Aber genau können Sie es nicht sagen?
Antonia:	Dat liegt dadran, dat dat Ruhrgebietsdeutsch ers spät ne Schriftsprache geworden is.
Reporter:	Aha. Wann war das denn?
Antonia:	So seit den Kumpel Anton inne Zeitung. So vor fuffzich Jahre.
Reporter:	Und vorher?
Antonia:	Vorher se se nur gesprochen ham.
Reporter:	Se se?
Antonia:	Die Leute die Sprache.
Reporter:	Aber man hat doch nicht von Anfang an das Ruhrdeutsch von heute gesprochen.
Antonia:	Wohl nich. Die Neandertalers ham mehr son rheinischen Axent gehabt.
Reporter:	Frau Doktor …
Antonia:	Is ja gut. Die ham waascheinlich mehr so gegrunzt. Dat tun wir ja heute nimmehr. Wir ham ja mehr sonne gefleechte Aussprache.
Reporter:	Und wie war das nach den Neandertalern?
Antonia:	Da waa dat bestimmt wie mit die ganze deutsche Sprache.
Reporter:	Aha.
Antonia:	Ers gab et die gaa nich, weil alle irgenswie indogermanen-ruhrisch gequasselt ham. So von Duisburch bis Kalkutta.
Reporter:	Und dann?
Antonia:	Ja, und dann müssen se wohl ers altruhrdeutsch gesprochen ham.
Reporter:	Altruhrdeutsch? Wie klang das denn?
Antonia:	Weiß doch keinen. Aber vleicht so: Wat bisso denn so am machon, die ganze Taga? Und wat macht demu Hennes seine Omma?

HAUPTSEMINAR GERMANISTIK

Reporter:	Aha. Interessant. Die ganze Taga und demu Hennes. Und wie ging es weiter?
Antonia:	Mittelruhrdeutsch natürlich.
Reporter:	Natürlich. Hätten Sie da auch eine Kostprobe?
Antonia:	Bitte sehr, hier isse: Äy, is dat din Vriunt? Antwort: Nää, dat is min Bruoder. Und datta is sin Hus.
Reporter:	Sin Hus? Das klingt ja wie Plattdeutsch.
Antonia:	Da sind Se wohl platt, Herr Reporter.
Reporter:	Es wird allerhöchste Zeit, dass wir in die sprachliche Gegenwart vorstoßen.
Antonia:	Find ich auch. Weil die ihrn Reiz is unerreicht.
Reporter:	Wie heißt denn die, deren Reiz unerreicht ist?
Antonia:	Wie wohl. Neuruhrdeutsch. Und eh dat Se lang fragen, sach ich Sie gleich freiwillig, wie dat Neuruhrdeutsch geht. Nämmich so: Mann äy, voll die Endhärte, do. Ährlich. Total äy …
Reporter:	Danke, danke, Frau Dr. Antonia. Wunderbar. Man merkt doch, wie die Sprache im Laufe der Jahrhunderte gewaltige, ich möchte fast sagen: poetische Fortschritte macht.

Statt ein Nachwort: Vergangenheit und Gegenwaat

Reporter:	Frau Dr. Antonia Cervinski-Querenburg, warum ist denn Geschichte so wichtig? Wir leben doch in der Gegenwart.
Antonia:	Weil brauchse beidet.
Reporter:	Das verstehe ich nicht.
Antonia:	Is donnich schwer. Immer brauchse beidet. Wenne gerne inne Vergangheit lebs, musse auch inne Gegenwaat leben. Sons tätse ja übberhaupts nich leben. Und wenne übberhaupts nich lebs, kannze onnich inne Vergangheit leben.
Reporter:	Das leuchtet ein. Ich habe selten eine so logische Beweisführung gehört.
Antonia:	Und wenne inne Gegenwaat lebs, musse auch inne Vergangheit leben. Weil wenne vonne Vergangheit nix weiß, hasse onnix vonne Gegenwaat.
Reporter:	Man muss also von der Geschichte etwas wissen, damit man versteht, was heute geschieht und warum.
Antonia:	Töfte fommuliert. Und damitte weiß, dat dat auch anders komm kann. Wenn zum Beispiel den Neandertaler gewonn hät, dann sähn wir …
Reporter:	… heute anders aus. Ich weiß.
Antonia:	Und wenn die Franken dammals die Sachsen nich dat Christentum mitten Holzhammer eingebläut hätten, dann wärn wir hier im Ruhrgebiet vleicht heute noch die reinsten Heiden, wärn ewig Met am schlucken, und die Mädkes und Jungs wärn rum am schäkern, und annen Freitach täten wir Currywurst essen.
Reporter:	Das wäre wirklich schlimm.
Antonia:	Und wenn die anne Ruhr dammals keine Fabriken gebaut hätten, sondern schön Weizen und Runkelrüben, dann könnten wir gezz diese ganze nachwachsende Energien auf unser Acker züchten und echt Kohle machen.
Reporter:	Irgendwie schade.
Antonia:	Und wenne dammals bei den Addolf zufällig en andern Vatter oder ne andere Mutter gehabt hättes und kein Cervinski, sondern ein Cohn gewesen wärs, dann hättse Hacke und Staubwolke nach Amärrika abhaun müssen. Dann tätse gezz nich so schön Ruhrdeutsch sprechen, sondern wie Billy Joel.

Reporter:	Nun gut …
Antonia:	Und wenn die aus Polen nich gekomm wärn, dann hätten wir gezz alle so komische Nam wie Straatmann und Kleine-Möllhoff und nix mit sonnen schön Klang wie Koslowski und Latinski. Und wenn die Türken nich gekomm wärn, dann müssten wir gezz fürn Döner bis nach Antalya fitschen.
Reporter:	Nicht auszudenken.
Antonia:	Und wenn die Beatles in Hamburch geblieben wärn, dann hätten se nich vonne Penny Lane gesung, sondern vonne Binnenalster.
Reporter:	Das könnte ich mir ganz nett vorstellen.
Antonia:	Und wenn Elvis in Deutschland geblieben wär, dann hätt er waascheinlich »Muss i denn zum Städtele hinaus« gesung.
Reporter:	Das hat er doch gesungen.
Antonia:	Gut gemerkt, Herr Reporter. Aber wenn die Bayern gegen die Preußen gewonn hätten, dann tät ich gezz nich Antonia Cervinski-Querenburg heißen, sondern Toni Hinterhuber-Hasenbergl.
Reporter:	Das kommt überhaupt nicht in Frage. Frau Dr. Antonia Cervinski-Querenburg, Sie haben auf eindrucksvolle Weise klargemacht, warum Geschichte so wichtig ist.

Bücher vonne Ruhr
Verlag Henselowsky Boschmann
Postfach 10 02 31, 46202 Bottrop
Internet: www.vonneruhr.de
E-Mail: post@vonneruhr.de

Unsere Bücher erhalten Sie in jeder Buchhandlung – nicht nur im Ruhrgebiet. Sollte einmal eines nicht vorrätig sein, dann kann Ihr Buchhändler es kurzfristig beschaffen. Auf Wunsch senden wir Ihnen gerne unseren Gesamtprospekt und informieren regelmäßig über unser Angebot an Büchern übers Ruhrgebiet. Hier eine Auswahl:

Rainer Bonhorst
Dr. Antonia Cervinski-Querenburg
Daaf ich Sie noch ma wat lernen

Jott Wolf
Max und Moritz im Kohlenpott
Die Rotzigen vonne Ruhr

René Schiering
Ruhrpott-Köter
Fast ein Heimatroman

I. Meyer-Dietrich & A. Kiel
Die Hüter des Schwarzen Goldes
Roman

H. Schmenk & C. Krumm
Kumpels in Kutten
Heavy Metal im Ruhrgebiet

Werner Boschmann
Emscherzauber
Märchen aus dem Ruhrgebiet

Helmut Spiegel
Ich schäbiges Frikadellchen
Roman über die Kriegs- und
Nachkriegszeit im Ruhrgebiet

Michael Hüter
Nix wie Höhepunkte
12 Expeditionen zu den
Gipfeln des Ruhrgebiets

Stefan Sprang
Fred Kemper und die Magie
des Jazz – Roman

A. Winkelmann & J. Krüger
Winkemanns Reise ins U
Der dokumentarische Roman um
die geheimnisvolle Stufenpyramide
mitten im Kohlenpott

Friedhelm Wessel
Lüdenscheid-Nord gegen Herne-West
Das Revierderby

Jürgen von Manger
Bleibense Mensch!
Träume, Reden und Gerede
des Adolf Tegtmeier

Gert Immich
Leckere Lesehäppchen
Gereimtes und Ungereimtes
aus dem Ruhrgebiet